ESSAI

D'UN

LEXIQUE GÉOGRAPHIQUE

(Extrait des *Mémoires de l'Académie de Stanislas*, 1885.)

PIECES JUSTIFICATIVES.

Il est important de lire ces Pieces.

EXTRAIT *des Lettres du Sr.* DAUDET *à la Dame* KORNMAN.

3 juillet 1781.

JE pars, ma chere petite; c'en est fait, dans dix minutes je vais m'éloigner de toi... M'éloigner de toi ! cette idée m'attriste au-delà de l'expression; mais une seule chose me console, si je subis cette cruelle privation, c'est que je vais m'occuper de notre commun bonheur, songer à nous rejoindre, à *t'affranchir*, à vivre heureux l'un pour l'autre; j'ai grand besoin de *véhicule* pour soutenir mon courage.

Prends garde aux personnes qui voudront *manœuvrer un raccommodement pendant mon absence*..... C'est à toi, mon amour, à montrer beaucoup d'éloignement, à ne pas recevoir beaucoup de ces *pacificateurs.* Conserve la même mesure vis-à-vis de ton mari. *Livre-toi à moi sans réserve*, je vais ne suivre que cet unique plan. . . . . . Tous les couriers te porteront de mes nouvelles, tu mettras tes lettres à la petite poste. *L'abbé les recevra & les fera partir.*

Saint-Quentin, 4 juillet 1781.

JE suis bien curieux de savoir la conduite que tiendra *ton M.* quand il va me savoir parti. Observe le bien, *& ses espions.* Conçois-tu qu'il paye un drôle pour savoir où tu vas? Je présume que c'est le même fidele qui lui a servi *pour le M. de la rue des Bons Enfans.* . . . . . Son grand tourment va être de savoir comment *nous correspondrons*, & c'est ce *qu'il faudra lui*

A

dérober *soigneusement* ; ne laisse traîner aucun papier. Donne tes lettres à garder à Mlle. D. . . Il sera bien fin s'il nous devine. Je pense que tu as écrit à Mlle. de V. & à ton petit frere. . . . . .

Ne manque pas de visiter *l'autre petite Veuve* ; dis-lui bien des choses de ma part. *Quand reverrons-nous en quatuor le port de la Rochelle ? Mais ne voilà-t-il pas qu'il sortira un petit matelot de ce port ? Il me tarde bien de savoir à quoi m'en tenir sur cet objet.* . . . . . Il ne faudra pas manquer d'aller dans dix à douze jours chez *Seiffert*. Il est indispensable de savoir à quoi s'en tenir ; mais quel que soit l'oracle qu'il prononce, ma tendre amie, je te serai attaché toute ma vie. . . . . . Ménage un peu ta santé, Seiffert te prescrira un genre de vie, il faudra s'y conformer. . . . .

Bruxelles , le 6 juillet 1781.

J E suis arrivé ici , *ma chere Cumithie*, fort excédé de la chaleur. . . . . On a frappé pour l'Empereur une médaille qui lui est parfaitement ressemblante, je te l'envoie, ma chere petite, c'est pour entretenir l'amitié.

Mon Dieu, qu'il me tarde de recevoir de tes nouvelles ! J'en aurai sûrement mardi. Je compte les jours sur mes doigts. Ma chere enfant, il n'y a de bonheur que près de toi , mon *unique soin est de nous réunir pour vivre heureux & tranquilles. Cette perspective me sur supporter avec courage les tourmens de l'absence*, le tracas des affaires. Je vais faire de mon mieux pour réussir , & puis le Roi ne sera pas plus heureux que moi, si tu m'aimes toujours. .

Ne t'écarte pas du plan arrêté entre nous ; prends bien garde, ma chere, à ce moment-ci, il est décisif pour nous. On cherchera *à t'amadouer*, on t'environnera. *Refuse-toi aux sociétés ; ne te livre qu'à madame de B.* Garde-moi ton cœur, ma chere bonne. Je te jure que je ne suis occupé que du soin de le conserver.

Je te recommande bien à Mlle. Dupont ; je lui rapporterai une jolie robe de toile de ce pays. . . . . . .

. . . . *Postscriptum rempli de phrases obscenes.* . . . .

La Haye, 10 juillet 1781.

Q U E les assurances que tu me donnes, ma chere bonne , de la continuation de ta tendresse, me flattent ! J'en ai bien besoin pour soutenir mon courage. Cette abſence me coûte infiniment , mais je la regarde comme un ſacrifice à notre réunion. Crois , ma bonne petite , que c'eſt mon unique but, mon unique deſir. J'ai médité ce plan pendant toute ma route , elle charmoit les tourmens de l'eloignement & l'ennui du chemin.

Sûrement ton mari ſait mon voyage , & en ce cas, c'eſt Livrezanne qui le lui aura appris. Il faudra bien lui marquer mon retour; toi, ſur-tout, ne change pas de plan de conduite.

Mon Dieu, que je voudrois t'épargner tes ſouffrances ; c'eſt une ſinguliere choſe que le ſentiment qui s'eleve en moi *au ſujet de ton état, j'en ſuis fâché & bien aiſe ; & ſi je dois te dire vrai, plus aiſe que fâché.*

Tu peux m'écrire ſous double enveloppe, à M. Dufauzet le fils, à la Haye ; mais fais mettre l'adreſſe par Mlle. D. . . . . . & remercie-la bien de ſon ſouvenir.

. Phraſes obſcenes.

La Haye, 13 juillet 1781.

. . . . Je ſuis pour la plupart du tems chez moi renfermé à lire , à écrire , *à ſonger à toi, à regarder ton portrait,* à déſirer l'original. Je preſſe tout afin de retourner plutôt. . . . figure toi donc mon ſupplice. Pas de nouvelles & ſans eſpoir d'en avoir avant mardi. Il y a de quoi mourir mille fois. *Je te prie, je te conjure,* ma bonne, de m'écrire, quand ce ne ſeroit que deux mots.

Comment ſe porte madame de B. . . . je penſe que tu la vois , & que les deux petites veuves ſe conſolent mutuellement.

Il y a beaucoup de couſins qui m'ont piqué , j'ai vingt-ſept cloches ſur la main droite.

Le reſte ne peut ſe tranſcrire.

. . . . . . Je donnerois ces belles prairies, ces beaux canaux, (de ſes châteaux en Eſpagne.) pour un carreau de réverbere qui éclaire une certaine croiſée, & qui a quelquefois éclairé. . . .

A ij

La Haye, 14 juillet

Mon cher amour. . . . . Je t'aime à la paſſion. Je m'occupe jour &
nuit de preſſer mon retour.

La Haye, 17 juillet 1781.

Les procédés de ton tyran ſont indignes, mais il faut louvoyer. *Le jour
des rengeances n'eſt pas loin*, tu ſeras dans peu *affranchie du joug*.

Ménage ta ſanté, & quant à ce qui tient *ſi bien, tant mieux* ; puiſque cela
eſt ainſi, c'eſt un lien de plus. Mille tendres complimens à madame de B...
Quand reviendra ſon cher amant ? *Je me réjouis bien de nos quatuor*.

Amſterdam, 19 juillet 1781.

Je m'occupe des grands moyens pour le grand événement ; toutes mes idées
tendent là , parce que c'eſt le premier mobile de mon bonheur. . . . .
Voici bientôt l'époque où les ſorties ſeront néceſſaires pour nous réunir. *Il ne
faut pas que le tyran voye* des variations dans notre conduite.

Comment ſe porte le petit matelot ? J'y rêve nuit & jour.

Amſterdam, 20 juillet 1781.

Je remets à mon retour à traiter *de la grande affaire de ta délivrance*. Je n'ai
qu'un mot à te dire : le jour où *je ne ſacrifierai pas tout pour ton bonheur,
ton repos & ta liberté , regarde-moi comme une ame vile & baſſe , indigne
de toi*.

LETTRES dont Varin a été trouvé ſaiſi chez le commiſſaire Vanglenne.

D'un yacht, entre Utrecht & Leyden, 23 juillet 1781.

Comment va la ſanté, ma chere bonne ? L'enraciné te fait-il toujours mal au cœur ? Je songe souvent à lui.   .   .   .   .   ,   .

Il faudra nous occuper à amener cela à bon port, mon cher amour, *nos deux ames se sont accrochées.* Il faut qu'elles restent unies pour notre commun bonheur.

La Haye, 24 juillet 1781.

'. . . . Tu as bien fait d'avoir emmené d'autorité tes enfans. Mais toute cette guerre doit finir pour ton repos. *Nous frapperons les grands coups à notre retour.*

Je joins un projet de lettre pour le Philistin (1). Nous reverrons encore le bois de Boulogne, notre maison de campagne, & le petit cabinet bleu. Bientôt, bientôt, ma chere bonne, je t'assure que mon impatience égale la tienne.   .   ,   .   . *Phrases obscenes.*   .   .   .

PROJET de Lettre ci-dessus annoncé.

MON silence, mon cher frere, a dû vous expliquer ma façon de penser sur vos procédés envers moi. Épargnez-moi des moralités qui sont une offense nouvelle, & ne prodiguez pas des protestations de tendresse fraternelle si cruellement démenties. J'ai fait vos commissions, &c.

Couper court & terminer sans complimens.

LETTRE du frere de la dame Kornman, envoyée au Sr. Daudet, pour avoir le Projet de réponse ci-dessus, & renvoyée par ce dernier, avec le Projet de réponse.

Bâle, le 13 juillet 1781.

JE suis fâché, ma chere sœur, de ce que tu ne daignes pas répondre à ma derniere, du 28 mai dernier, & que notre maniere de penser ne puisse s'accorder. Il faut s'en remettre au tems, avec le secours duquel je me

---

(1) Le frere aîné de la dame Kornman.

flatte que nous ferons convaincus, qui des deux a tort. En attendant, fois perfuadée que je conferve toujours pour toi une amitié fraternelle, & que c'eſt elle qui me fait te prier d'abandonner ta maniere de te conduire, & de fortir du précipice, où tu te jettes, ſi tu n'en es dehors. Privé de vos nouvelles, je ferois au comble de la joie, *ſi votre réunion en étoit la cauſe*, &c.

La Haye, 16 juillet 1781.

Ne m'écris plus après la réception de cette lettre; nous nous dirons le reſte de bouche. Entends-tu bien, ce que ce mot a d'agréable.

Je pars fort content, j'ai fait de mon affaire ce qui étoit faifable, le reſte fe concluera à Paris.

Ne prends aucun engagement pour dimanche cinq. Si je calcule bien, nous pourrons paſſer la journée enſemble, &c.

27 juillet.

MA chere amie, je partage bien vivement tout le chagrin que doivent te donner les mauvais procédés de ton tyran; *il n'y a plus de ménagement à avoir avec lui*, il faut donc lui *montrer une fermeté décidée*. Prends fur toi-même de méprifer toutes ces petites attaques, reſſource des ames foibles. Cette perfecution éphémere n'aura qu'un tems. Il faut lui rompre en viſiere devant tout le monde; & lui faire un peu de peur, car il eſt poltron.

Fais prendre au caveau du chocolat, que *tu feras faire chez toi, & fais le chercher fous fon nom; quand tu l'auras, tu lui diras publiquement qu'il ait à le payer, que tu lui as apporté aſſez de bien pour cela.*

Hélas! tu me parles toujours *de la fottife.* . . . . . *Vraiment, je la fens comme toi, mais tu fais comment cela eſt venu, & certes, nous pourrions chanter tous deux la chanſon: Mais ce n'eſt pas ma faute à moi.* Enfin, la choſe eſt faite, il faut y porter le meilleur remede.

. . . . Ne lui fais pas de guerre particuliere, mais une attaque publique, &c. &c.

Bon voyage à ce vilain PP. nous aurons meilleur marché de l'autre, quand il n'aura plus ses conseillers à ses trousses. *Le grand-vicaire* (1) le suivra aussi, & il n'y a pas grand mal d'être débarrassé de ces *deux sinistres personnages, au moment du grand combat.*

EXTRAIT de l'interrogatoire subi par la dame Kornman, lors de sa détention, chez les dames Douai, devant le commissaire Vanglenne.

8 août 1781.

A dit que c'étoit M. le baron de Spon, premier président de Colmar, qui avoit présenté le Sr. Daudet à son mari, lequel lui a donné entrée dans sa maison par la suite.   Art. 7.

Que ledit Sr. Daudet s'est lié particuliérement d'amitié avec elle répondante.   Art. 9.

Qu'elle sait que ledit Sr. Daudet étoit ancien syndic royal de la ville de Strasbourg, qu'elle ne sait & n'a jamais su ce qu'il faisoit à Paris, & qu'elle sait qu'il demeure Chaussée d'Antin.   Art. 10.

Qu'elle a été plusieurs fois chez ledit Sr. Daudet à l'insçu dudit Sr. son mari, ou au moins, qu'elle présume que son mari n'en savoit rien.   Art. 11.

Que comme elle ne disoit pas audit Sr. son mari où elle alloit, elle s'est rendue chez ledit Sr. Daudet à l'insçu de son mari, que de peur que *personne ne l'apperçût*, elle est entrée chez ledit Sr. Daudet par la porte de derriere de sa maison; qu'il est vrai aussi, qu'elle a dîné une seule fois en tête à tête avec lui.   Art. 12.

Qu'il est vrai, qu'avant ses liaisons avec ledit Sr. Daudet, ledit *Sr. son mari ne lui refusoit rien*, ni en deniers comptans, ni en autre chose, parce que ledit Sr. son mari savoit le bon usage qu'elle en faisoit.   Art. 19.

Qu'il est vrai que ledit Sr. Daudet lui a écrit différentes lettres, & qu'elle en a adressé plusieurs audit Sr. Daudet.   Art. 20.

Qu'elle remettoit les lettres qu'elle écrivoit audit Sr. Daudet, à la fille Dupont, sa femme-de-chambre, laquelle les portoit à la femme Sauvage,   Art. 21.

---

(1) M. l'abbé Georget.

demeurant Boulevard du Temple, chez Lutton, au café de Malthe, où le nommé Varin, domestique dudit Daudet les prenoit, pour les remettre audit Daudet; & que lettres du Sr. Daudet, pour elle, répondante, étoient remises par ledit Varin, où Charles, domestique, alloit les prendre & les remettoit, ou à la fille Dupont, femme-de-chambre d'elle, répondante, de qui elle les tenoit; ou les remettoit directement à la répondante.

Art. 33.   Qu'il est vrai que depuis & quoique ledit Saint-Louis ne fût plus à son service, il continuoit toujours à porter audit Sr. Daudet, directement ou indirectement, les lettres qu'elle, répondante, lui écrivoit; ou les lettres que ledit Daudet écrivoit à ladite dame, répondante; & que c'étoit elle qui payoit ledit Saint-Louis, à raison de vingt-cinq sols par jour, pour sa nourriture; & ses gages, sur le pied de cinquante écus par an, quoi qu'il ne fût plus à son service.

Art. 34.   Qu'elle ne sait pas si elle est enceinte, mais que si elle est enceinte, *ce n'est pas des œuvres du Sr. Kornman.*

Art. 35.   Qu'il est vrai que, pressée différentes fois par ledit Sr. Daudet, elle a eu la foiblesse de céder à ses desirs.

Art. 37.   Que c'est de cet objet qu'a entendu parler le Sr. Daudet, dans sa lettre numérotée 10. (Hélas tu me parles toujours de la sottise, vraiment je la sens comme toi; mais tu sais comment cela est venu).

Art. 38.   Que si elle est grosse, elle l'est environ de deux mois.

Art. 39.   Qu'elle présume que le Sr. Daudet entend parler de l'enfant dont elle *est enceinte de ses œuvres,* (par sa lettre numérotée 9, où il dit : j'espere que la ressemblance dont tu me menaces, n'aura pas lieu).

Art. 48.   Que si la lettre de son frere de Bâle se trouve avec les lettres du Sr. Daudet, c'est parce qu'elle, répondante, avoit envoyé cette lettre audit Sr. Daudet, en Hollande, où il étoit.

Art. 50.   Qu'il est vrai que ledit Sr. son mari ne lui laissoit jamais manquer d'argent, ni de rien de ce qu'elle pouvoit désirer, mais qu'il avoit beaucoup d'humeur, & qu'il donnoit la préférence à ses domestiques sur elle; & qu'il l'avoit soupçonnée à faux plusieurs fois de lui avoir été infidelle.

LETTRE

*Lettre de la dame Kornman , écrite du lieu de sa détention ,
à son mari.*

Je suis très-affligée , mon ami, de voir que tu ayes cru néceffaire d'employer une voie violente pour me convaincre de l'amitié que tu te vantes d'avoir pour moi. Tu connois mon cœur, il eft fenfible & reconnoiffant. J'aurois été flattée que tu m'euffes marqué moins de rigueur. Si pendant un tems je t'ai paru m'éloigner de toi , c'eft fans inclination , & plutôt pour avoir écouté des confeils pernicieux. Ainfi donc, fi tu veux oublier ce qui a pu te déplaire dans ma conduite, moi de mon côté je ne négligerai rien de ce qui pourra nous attacher l'un à l'autre. J'efpere te voir demain ; je le defire & ferois charmée de commencer une réunion que rien ne pourra rompre. Il eft fâcheux de former ces defirs dans les liens où je me trouve, cela leur donne un air fufpeét : cependant je les fais en tout tems, & rien mieux que l'avenir pourra t'en convaincre. J'oublierai à jamais que c'eft d'ici que je t'ai écrit : je ne veux pas m'en repaître l'idée ; je trouve que c'eft indigne de toi & de moi. Enfin , j'efpere que la fuite fera plus agréable pour l'un & l'autre, & que, ce nuage étant diffipé, le refte de nos jours feront fereins & heureux.

M. Lenoir vient de me faire la grace de venir me voir. Il m'avoit flattée dans fa derniere vifite, qu'à la premiere, il feroit accompagné de toi. J'ai eu la douleur de le voir arriver feul ; il l'a augmentée, en me difant que tu t'étois refufé aux follicitations qu'il t'avoit faites. Je te fupplie, au nom de tout ce qui peut te toucher, au nom de nos enfans, de ne pas t'obftiner à ne plus venir. Je t'attends ce foir : je mourrois de chagrin fi j'étois trompée dans mon efpoir. Tu as le cœur bon & tendre , mille fois tu as dit ne vouloir faire de peine à perfonne. J'avoue que j'ai mérité ton courroux ; mais je renonce pour la vie à tout ce qui peut te déplaire. J'ai pris la réfolution bien ferme de vivre pour te rendre heureux ; mets-moi de grace à même de te donner la preuve convaincante que je compte exécuter tout ce que je te promets. Adieu, mon cher ami, oublie tout ce qui peut t'aigrir contre moi , & fonge au bonheur qui nous attend, en vivant l'un pour l'autre.

B

LETTRE à M. le comte de Maurepas.

MONSEIGNEUR,

JE suis encore forcé d'avoir recours à votre justice dans la situation fâcheuse où je me trouve. Vous vous rappellez, Mgr. qu'il a été jugé convenable, pour souftraire mon épouse à la séduction du Sr. Daudet, de la placer dans un lieu de sûreté, où toute communication avec cet homme dangereux lui fût interdite ; & qu'en conséquence, elle a été conduite par ordre du Roi, chez les dames Douai.

Cette précaution, quelque sage qu'elle soit, demeurera certainement sans effet, si on ne prend des mesures efficaces pour s'opposer aux entreprises du Sr. Daudet. Depuis qu'il est de retour de Hollande, je suis instruit qu'il n'est aucune ressource qu'il n'employe pour se mettre de nouveau en possession de sa victime.

Sans doute, il existe pour moi un moyen de dissiper ses complots. Vous savez, Mgr. que les diamans de ma femme ont été deposés par le Sr Daudet, au Mont-de-Piété, & que ce fait suffit pour que je puisse le poursuivre comme coupable d'escroquerie. Vous savez de plus, que ses lettres demontrent que c'est un seducteur d'une espece d'autant plus redoutable, que si on ne l'eût arrêté dans ses projets, son dessein étoit de recourir contre moi aux voies les plus criminelles, pour parvenir à ses fins.

Je suis donc suffisamment autorisé à implorer le secours des loix, & je vois bien que si je m'adresse aux tribunaux, il est impossible que le Sr. Daudet puisse se souftraire aux peines graves qu'il a méritées. Mais une demarche de cette espece me répugne absolument, parce que je ne puis publiquement attaquer le Sr. Daudet, sans compromettre, d'une maniere fâcheuse, la réputation de la mere de mes enfans.

Vous n'ignorez pas, Mgr. jusqu'à quel point j'ai porté l'indulgence envers mon épouse. Je n'ai pas besoin de vous répéter qu'il n'entrera jamais dans mon cœur de chercher à me venger d'elle, & que jusqu'à présent, tout ce que j'ai fait, n'a eu pour objet, en la rappellant à elle-même, que de la souftraire aux dangers dont je la vois malheureusement environnée.

Dans ces circonstances, Mgr. il me semble que je n'ai rien de mieux à

faire que de vous fupplier de vouloir bien donner des ordres , pour qu'on en-
chaîne l'activité fatale du St. Daudet : le cri public s'élève contre cet homme ,
& il me femble qu'il eft tems de réprimer avec févérité fon audace bien
connue. Alors j'aime à croire, Mgr. que mon époufe n'obéiffant plus à fes
confeils, reviendra facilement à fes devoirs, & la paix de ma maifon fera
votre ouvrage.

Je fuis avec refpect , &c.

---

*LETTRE adreffée à la dame Kornman, par fon mari , par l'entremife
de M. Lenoir, lieutenant-général de police.*

MADAME,

LA démarche que je fais auprès de vous eft la derniere qui me refte à
faire. Forcé pour me défendre de vous accufer d'un crime , & placé par votre
faute dans une fituation où je ne peux vous conferver l'honneur, fans me perdre
dans l'opinion publique , il faut que je faffe un dernier effort fur votre ame,
non plus pour vous rappeller à des devoirs qu'il vous feroit amer de remplir ;
mais pour vous inviter à prévenir la honte qui vous attend , & l'exiftence mal-
heureufe & déshonorée à laquelle toutes les loix vous condamnent.

Vous vous êtes rendue coupable d'adultere, & les lettres de votre féducteur,
& vos propres aveux, & les témoins que je puis faire entendre , fuffifent pour
établir ce chef d'accufation contre vous.

Vous vous êtes rendue coupable de diffamation , & ce délit eft prouvé par
la requête que vous avez préfentée au châtelet ; requête où , fans articuler
aucun fait, vous vous êtes efforcée par des imputations calomnieufes , de porter
à mon crédit une atteinte mortelle.

Ce n'eft pas tout ; on frémira d'apprendre que depuis que vous n'écoutez
plus que la voix de l'homme deteftable auquel vous vous êtes abandonnée ,
il n'y a point de repos, point de fûreté pour moi, même dans ma propre
maifon ; on faura que , non content de m'environner d'efpions pour acquérir
une connoiffance exacte de mes démarches, on a porté la trahifon jufqu'à
vouloir corrompre les gens qui me fervent, qu'on les a même quelquefois
corrompus ; on faura qu'il n'exifte plus de jour pour moi, où l'on ne m'aver-
tiffe de craindre, & où en effet je n'aie quelque événement à prévoir , ou quelque piege à éviter.

Enfuite on reviendra fur cette requête où , vous dépouillant de tous les fentimens d'une mere, vous annoncez que vous vous réfervez la liberté de pourfuivre en tems & lieu, & pardevant les juges qui doivent en connoître, la caffation de votre mariage ; on relira les lettres de votre féducteur, ces lettres où après plufieurs phrafes ambigues, & des obfervations criminelles fur la foibleffe & le dérangement de ma fanté , il déclare que le jour des vengeances n'eft pas venu, mais qu'il n'eft pas loin, & qu'il ne vient à Paris, que pour frapper ce qu'il appelle les grands coups, c'eft-à-dire , comme il s'explique lui-même, pour vous délivrer à jamais de l'epoux important que vous haïffez.

Et alors, s'il n'eft pas prouvé que vous avez voulu vous rendre coupable d'un troifieme crime, du moins on dira que vous étiez parvenue à ce degré d'égarement & de paffion, où ce crime étoit poffible pour vous, & quoique je faffe, je ne réuffirai plus à vous garantir de l'opprobre qu'une telle opinion entraîne infailliblement après elle.

Ainfi donc , Madame , je puis vous perdre ; il y a plus, je ne peux faire un pas, pour échapper aux circonftances dans lefquelles je me trouve, fans qu'une force à laquelle vous réfifterez en vain, ne vous entraîne vers un abyme dont je crains bien que vous n'apperceviez trop tard toute la profondeur. Dans de telles circonftances, il eft de mon devoir de vous avertir du danger auquel on vous expofe.

J'ai fait tout ce qui dépendoit de moi pour vous fouftraire à ce danger. Je n'ai pas befoin de vous rappeller combien de fois avant votre détention, j'ai effayé de vous détourner de la route fatale dans laquelle on vous fait marcher. Vous n'avez pas oublié des confeils que vos remords ont fans doute contribué à graver dans votre cœur ; mais voici des chofes que vous ignorez, & qu'il eft bon de vous apprendre ; c'eft que tandis que vous vous abandonniez avec une coupable légereté à des démarches qui avoient ma perte pour objet , je m'oc-cupois moi du foin de vous préparer un avenir moins malheureux que celui qui vous eft deftiné. Je favois que fi je me voyois dans la neceffité cruelle de révéler l'affreux fecret qui repofe dans mon fein , il ne me refteroit plus de reffource pour vous fauver , & j'ai mis tout en œuvre pour qu'aucune cir-conftance ne me forçât de rompre le filence auquel je m'étois condamné : voilà pourquoi j'ai demandé avec tant d'inftance que la conteftation que vous m'avez fufcitée fût portée devant les juges de mon domicile. Il m'a paru que loin de la capitale, en me défendant, je vous ferois des bleffures moins profondes ;

& que peut-être je pourrois m'épargner la douleur de vous accufer d'un crime dont toutes les preuves font abfolument acquifes, & à la punition duquel il me femble bien difficile que vous puiffiez vous fouftraire. On vous a dit fans doute que je n'agiffois ainfi que parce que je redoutois le crédit de mon ad-verfaire. Les bureaux des miniftres & les cabinets des magiftrats ont retenti de mes plaintes. Sûrement, ni les miniftres, ni les magiftrats n'ont vu en moi un homme pufillanime. Je doute même qu'on puiffe, dans une fituation dif-ficile, reclamer fes droits avec plus d'énergie & de fermeté que je l'ai fait.

Croyez donc que mes démarches n'ont pas eu la crainte pour motif; mais je connois mieux que vous le fol mouvant fur lequel vous allez marcher. Je vous vois environnée d'hommes qui font peu de cas de votre reputation, qui ne veulent de vous, que votre fortune, & qui ne travaillent à vous procurer une liberté funefte, que parce qu'il leur importe que vous deveniez la vic-time de leurs projets ambitieux, ou l'inftrument de leurs plaifirs criminels.

Il m'a paru que je devois faire un effort pour qu'il n'exiftât plus entr'eux & vous que des rapports éloignés; j'ai penfe qu'alors rendue à vous-même, & n'obéiffant à aucune autre impulfion ou à celle de votre efprit, vous ne réflé-chiriez pas fans frémir fur votre pofition, & que s'il vous en coûtoit de re-courir directement à moi pour la rendre moins difficile, du moins vous vous environneriez de gens affez éclairés & affez honnêtes, pour vous empêcher d'en accroître le danger par de nouvelles imprudences.

J'ignore quelle fera la décifion des magiftrats fur la demande que je leur ai faite du renvoi de ma caufe à Strasbourg; mon droit eft fi certain, qu'il eft impoffible que ce renvoi me foit refufe; mais quelle que foit leur décifion, il convient que je vous prévienne de ce que je me propofe de faire dans le cas, où vous perfifteriez dans vos premieres démarches.

Je ne doute pas qu'on ne vous ait perfuadé qu'une femme, jeune encore, & raffemblant quelques qualités pour feduire, eft un être puiffant devant lequel les loix fe taifent, & qu'il n'eft pas decent de trouver coupable; mais moi qui fuis convaincu que les loix ne fe taifent que lorfqu'on ne les invoque pas, moi qui fais que ma caufe eft celle de tous les peres, je vais plus loin, de tous les hommes; car il importe à tous les hommes que leur fûreté ne foit pas com-promife; je ne penfe pas que votre crédit me devienne jamais redoutable, & j'ai une trop haute opinion des magiftrats qui doivent nous juger, pour ima-giner qu'ils puiffent balancer un inftant entre vos moyens & mes raifons.

Or je dirai tout. Je vois par votre requête que votre objet eft de parvenir à

une féparation de corps & de biens, & cette féparation vous ne pouvez la demander qu'en m'imputant des faits graves. Vous ne prouverez pas ces faits.
Mais vous me les imputerez, & moi pour y répondre, je me verrai dans la
néceffité de vous accufer à mon tour.

Vous avez vu de quels crimes je peux vous accufer, vous favez fi je peux
prouver ces crimes, & l'on a dû vous dire à quelle peine eft condamnée celle
qui malheureufement en eft déclarée coupable.

Il ne peut donc exifter que dans ma négligence à me défendre, un moyen de
vous fouftraire à la condamnation ignominieufe qui vous attend. Mais on vous
en a bien groffièrement impofé, fi l'on vous a perfuadé qu'accablé par ma
fituation, je balancerois entre une mere coupable & des enfans malheureux, &
que je laifferois égorger impunément ceux-ci aux pieds de la femme dénaturée
qui leur donna le jour.

Réfléchiffez donc bien fincérement, madame, fur les dangers de toute
efpece, dont vous êtes environnée. Je ne vous dirai pas que vous êtes époufe &
mere, il y a long-tems que vous n'êtes ni l'une ni l'autre.

Votre cœur empoifonné par une paffion vile comme celui qui en eft l'objet,
ne connoît plus les fentimens honnêtes, & ce feroit bien en vain que j'effaye-
rois de vous rappeller à des devoirs dont le joug vous paroît fi infupportable,
que vous ne cherchez pas même à en déguifer l'oubli. Mais fongez, madame,
que les années d'illufion qui coulent maintenant pour vous, ne dureront pas
toujours ; fongez qu'il n'y a d'habitudes & de relations folides dans la fociété,
que celles qui font déterminées par les premieres & les plus faintes affections
de la nature ; que détachée de votre famille & de tout ce que vous deviez
aimer, devenue même pour votre féducteur un importun fardeau, ne trouvant
plus d'afile chez les gens honnêtes, parce que vous vous en ferez volontaire-
ment féparée par un crime ; quand vous réuffiriez aujourd'hui dans vos démarches, vous n'en ferez pas moins réduite quelque jour à verfer des larmes
fur vos fuccès.

Sortez donc du délire profond dans lequel on vous tient plongée. Je ne vous
dis pas de fentir qui vous êtes, mais de calculer ce que vous pouvez devenir,
& que du moins la voix de l'intérêt foit affez puiffante pour opérer dans vous
un changement que je n'attends plus ni des impreffions de la pitié, ni des
mouvemens de la nature.

Je fuis, &c.

EXTRAIT d'une lettre écrite au frere de la dame Kornman, par le Sr. Daudet.

Paris , 10 août 1781.

Je vais vous apprendre une *nouvelle bien atroce.* Madame votre sœur a été enlevée la nuit du samedi 4 août au dimanche, *à minuit*, par un ordre surpris par votre beau-frere, mise dans un couvent catholique (1), où elle est séquestrée de toute la terre. Il est superflu de vous raconter ici par quel *tissu de noirceurs ,* on est parvenu à surprendre la religion du gouvernement, pour exercer un acte d'autorité aussi vexatoire contre une etrangere mariée en pays étranger, une femme qui professe une autre religion. Sa captivité est un secret impénetrable. Le mari cherche à la cacher à tout le monde, en disant qu'elle est à la campagne. Mais je me *suis procuré des renseignemens positifs.* Madame votre sœur n'a que vous au monde pour la proteger, la réclamer & la defendre. *Cachez à tout le monde l'horrible secret que je vous confie.* Jettez-vous dans une voiture, & venez nuit & jour ici. Vous n'êtes pas connu. *Descendez chez moi ,* & prevenez-moi du moment de votre arrivée. Je vous instruirai alors de tout ce qu'il faut que vous sachiez, de ce que vous aurez à faire............ Je vous prie de me *répondre, à M. Daudet de Joffan,* & une seconde enveloppe, *à M. l'abbé Sabbatier de Cabres, conseiller-clerc au parlement, rue des Bons Enfans, à Paris....* Descendez chez moi, je vous arrêterai un logement, & *je vous servirai de guide, &c.*

LETTRE écrite à M. Amelot, le 2 décembre 1781.

MONSEIGNEUR,

Je me suis présenté plusieurs fois à votre hôtel, pour avoir l'honneur de vous rendre mes devoirs ; mais Votre Grandeur étant incommodée, je prends la liberté de lui écrire pour lui demander la continuation de ses bontés dans la situation malheureuse où je me trouve réduit. Quoique je ne doute point, Monseigneur, que M. le lieutenant-général de police ne vous ait fait part de

---

(1) Le Sr. Daudet savoit positivement le contraire.

toutes les manœuvres sourdes & abominables qu'on employe pour me perdre ; je dois cependant vous exposer que n'ayant cherché qu'à souftraire ma femme à la seduction du Sr. Daudet de Joffan , à lui faire ouvrir les yeux sur les conseils pernicieux qu'il lui a donnés , à la faire rentrer en elle-même, n'ayant eu d'autre dessein que d'ensevelir dans le secret la conduite scandaleuse qu'elle a tenue , & de rendre enfin une mere à ses enfans , on cherche à interprêter cette démarche de la maniere la plus odieuse , en me prêtant les intentions les plus criminelles.

J'ai des preuves suffisantes pour attaquer ma femme en adultere, & le sieur Daudet, non-seulement comme séducteur, mais encore comme escroc. Il est prouvé qu'il s'est fait délivrer les diamans de ma femme, qu'il a déposés au Mont-de-Pieté ; d'après ce fait, & tous ceux dont je peux rendre compte, & que j'ai la prudence de taire, il paroît impossible , qu'aucun tribunal puisse se refuser à me rendre la justice qui m'est due , parce que je ne crois pas que les loix ayent été inventées pour protéger le crime. Cependant, il m'a répugné de prendre un parti violent, j'ai respecté la réputation de ma femme plus qu'elle ne l'a fait elle-même, j'ai toujours vu en elle la mere de mes enfans. Ne devois-je pas m'attendre qu'une conduite si tranquille, si paisible , après des outrages si marqués, & je peux le dire, si publics, produiroit un effet salutaire aussi bien sur elle que sur son séducteur ; comment se fait-il neanmoins aujourd'hui que je fois si cruellement trompé ?

Par une requête remplie d'injures calomnieuses, je me vois traduit par la femme dont je devois me venger, & que je me suis contenté de plaindre , au tribunal de M. le lieutenant-civil. Il n'est aucun tribunal dans le monde que je doive craindre , parce que par-tout je peux invoquer les loix protectrices des mœurs, vengeresses de la probité méconnue ; mais comme citoyen, j'ai des droits à exercer, j'ai des juges & je les réclame ; en conséquence, j'ai demandé à être renvoyé pardevant les magistrats de Strasbourg, dont je suis membre , & par appel, au conseil souverain de Colmar.

Il est possible que tandis que je m'occupe à rétablir dans le sein de ma maison l'ordre & la paix, qui en ont été bannis depuis long-tems, que tandis que je travaille à épargner à l'infortunée mere de mes enfans de nouvelles fautes, on cherche à répandre de cruelles calomnies sur mon compte ; il est possible, où plutôt il m'est démontré que le Sr. Daudet, dont j'ai tant à me plaindre, s'attache à me noircir dans le public, & à nuire, autant qu'il est en lui, à ma réputation & à mon credit. Il m'est démontré qu'il employe toutes les con-

noissances

noissances dont il dispose à chercher à mon épouse, de prétendus vengeurs, que persistant toujours dans ses dispositions sinistres, il travaille à lui procurer, par les moyens les plus infâmes, une liberté scandaleuse ; que voulant ensuite profiter de cette liberté, il médite déjà les moyens d'envahir ma fortune, qui devient nécessaire à l'exécution des projets ambitieux qu'il a formés !

Cet homme audacieux a fait plus encore. Au moment où j'écris, je suis informé qu'il a osé compromettre jusqu'à mes amis, & que par un délire qu'aucun gouvernement ne peut s'empêcher de punir, il a osé menacer de sa vengeance toutes les personnes honnêtes qui ont daigné me donner, dans les circonstances où je me trouve, des preuves de leur attachement & de leur zele.

Vous concevez, Monseigneur, combien, dans ces circonstances, le sieur Daudet devient pour moi un ennemi dangereux. J'ai désiré & j'ai fait tout mes efforts pour engager mon épouse à rentrer dans le sein de sa famille ; elle s'y est constamment refusée, & je sais qu'elle persevere dans l'opinion de rester à Paris. Or comme elle ne peut y exister que pour sa ruine, comme en ma qualité d'époux, je dois répondre de sa conduite à ses proches, & qu'il n'est pas dans leurs principes de l'abandonner au seducteur qui la perdue, je ne crois pas que j'aie rien à craindre des démarches que mon honneur offensé m'a fait faire auprès du gouvernement, & je me flatte qu'instruit de la modération que j'ai mise dans cette affaire, vous vous opposerez, Monseigneur, à toutes les tentatives qu'on pourroit faire pour surprendre la religion du Roi. J'espere qu'on ne confondra pas un pere de famille honnête, appartenant à des hommes distingués par leurs services, & qui jusqu'à présent, a assez bien mérité de sa Patrie, pour y avoir été appellé par le consentement unanime de ses concitoyens, aux fonctions honorables de la magistrature, avec un homme avili, qui s'est fait un jeu de porter le trouble dans le sein de plusieurs familles paisibles, & qui sûrement ne doit ses protecteurs, si ses protecteurs sont honnêtes, qu'à une profonde hypocrisie ; & s'ils sont malhonnêtes, qu'à une conformité de mœurs qu'à sa place je rougirois d'invoquer. Dans cette confiance, Monseigneur, je vous rends compte de mes craintes, & j'ose espérer de Votre Grandeur, qu'elle daignera être aux pieds du Trône l'interprête de mes sentimens, le défenseur de mes droits, & le premier vengeur de mon innocence.

Je suis avec le plus profond respect, &c.

LETTRE écrite à M. Lenoir, le 9 janvier 1782.

J'AI l'honneur de vous envoyer une lettre que j'ai reçue ce matin ; il y a déjà quelque tems qu'on m'en adreſſe pluſieurs du même genre ; mais juſqu'ici j'ai cru devoir les négliger ; d'abord, parce que de même que celle-ci , elles étoient anonymes ; enſuite, parce que je n'avois pas autant de motifs qu'aujourd'hui pour m'abandonner aux craintes qu'on vouloit m'inſpirer.

Mais maintenant, Monſieur, qu'il m'eſt démontré qu'on s'occupe eſſentiellement de ma perte , maintenant que je ſuis certain qu'aucune de mes démarches n'eſt ignorée de l'homme que je me ſuis vu forcé de vous dénoncer , qu'il m'eſt prouvé que cet homme continue à ſe procurer des intelligences dans ma maiſon, qu'il y corrompt mes domeſtiques, & que l'argent ne lui coûte rien pour m'environner d'eſpions, & arriver au but où il ſe propoſe de parvenir , je ne crois pas que je doive négliger les conſeils qui me ſont donnés, & il me ſemble qu'il y auroit de l'imprudence à moi, ſi je n'uſois de quelque précaution pour me garantir du malheur dont je ſuis menacé. Je ſais, Monſieur, qu'il n'appartient à aucun homme d'en accuſer un autre, s'il ne peut fournir des preuves évidentes du délit qu'il lui impute ; mais il s'agit moins ici d'un crime à dénoncer que d'un crime à prévenir, or, dès que je peux raſſembler un aſſez grand nombre de probabilités pour établir qu'un délit eſt poſſible, qu'on ſe propoſe de le conſommer, & que j'en ſuis l'objet, je penſe que j'ai le droit pour l'empêcher, de m'adreſſer au magiſtrat qui eſt ſpécialement chargé de maintenir le bon ordre dans la ſociété.

Vous ſavez, Monſieur , dans quelle circonſtance je me trouve placé ; perſonne mieux que vous ne connoît le Sr. Daudet ; vos regiſtres, ſi je ne me trompe, doivent dépoſer depuis long-tems, contre lui ; vous avez lu les lettres qu'il a écrites à mon épouſe, vous ne pouvez pas vous diſſimuler les conſéquences qui réſultent des faits que contiennent ces lettres ; votre expérience a dû vous apprendre tout ce que peut tenter un homme, qui, comptant ſur de grandes protections, méditant une grande fortune, & n'ayant plus rien à perdre, ne connoît, ni loix, ni préjugés, & s'abandonne abſolument aux penchans qui le dominent.

Certainement, j'ai tout à craindre d'un pareil homme ; d'après ce qu'il a fait , je ne cours aucun riſque à imaginer ce qu'il peut faire ; comme il m'eſt impoſſible de calculer ſa marche, & de déterminer le point où il ſe propoſe d'arriver, je ne dois plus meſurer ſa probité que d'après ſon intérêt.

Et qu'eſt-ce que ſon intérêt exige de lui ? Que je ne ſois plus, que la fortune de ma femme & de mes enfans tombe dans ſes mains, qu'elle devienne la récompenſe de ſon audace. . . . . . .

D'après cela, Monſieur, j'oſe vous ſupplier, de vouloir bien me garantir des pieges dont je ſuis environné; vous rempliſſez dans la ſociété le miniſtere le plus auguſte & le plus reſpectable, vous veillez ſur les mœurs publiques & particulieres, & votre objet principal eſt d'empêcher que les magiſtrats ordinaires n'ayent des crimes à punir.

Ici, comme moi, vous voyez un crime poſſible, un crime dont l'exiſtence prochaine eſt probable; je vous invite, en conſéquence, à employer toutes les reſſources que votre ſageſſe & vos lumieres pourront vous ſuggérer, pour me garantir des dangers auxquels je ſuis expoſé.

Ma cauſe eſt celle de tous les peres, vous ne pouvez l'enviſager avec indifférence, &c. . . . .

L E T T R E   A N O N Y M E.

Je n'ai l'honneur de vous connoître, Monſieur, que par la réputation de probité dont vous jouiſſez, & cela ſeul me détermine à vous inſtruire, du danger éminent àuquel vous êtes expoſé. Il ſe trame contre vous, une conjuration abominable à laquelle il me paroît comme impoſſible que vous puiſſiez échapper, tant elle eſt adroitement & profondément combinée. Je connois l'homme qui a juré votre perte, je ſais qu'il eſt capable de tous les crimes, & dans la circonſtance actuelle, je ne doute pas qu'il ne mette tout en œuvre pour ſe délivrer de vous & de vos enfans, & s'emparer ainſi de votre fortune; il a fait la confidence de ce projet à plus d'une perſonne, il a même été plus loin; car je ſais très-poſitivement, qu'il a fait dire à madame votre épouſe, d'avoir toujours beaucoup de patience & de courage, attendu qu'il eſpéroit qu'avant la fin du carnaval, il ſeroit parvenu à la délivrer de vous.

L'audace de cet homme exécrable va plus loin. Je le vois aſſez ſouvent dans une ſociété où il croit pouvoir tout dire, parce qu'il ſe perſuade qu'elle eſt abſolument compoſée d'hommes ſemblables à lui. Là, Monſieur, il a oſé s'annoncer comme un être aſſez important & aſſez dangereux pour faire

C ij

trembler les miniſtres, & ſur-tout, pour metre M. le lieutenant de police dans le cas de ſe repentir de la protection qu'il a cru devoir vous accorder.

Je ne ſais pas juſqu'où peut aller le crédit d'un homme ſi abominable ; juſqu'à préſent je ne vois autour de lui que quelques hommes d'une naiſſance diſtinguée, mais connus par des mœurs infâmes, & M. de Beaumarchais qui paroît décidé à ſaiſir avec empreſſement l'occaſion qui ſe préſente ici, d'occuper le public aux dépens de qui il appartiendra, & qui ſans trop exa-miner ſi vous avez tort ou raiſon, veut abſolument en ſe mêlant de cette affaire, échapper à l'oubli dans lequel il eſt très-naturellement tombé.

Tous ces hommes ne ſeroient pas dangereux, s'ils n'employoient contre vous que des voies honnêtes ; mais comme ils ſont déterminés à uſer de toute eſpece de moyens, pour conſommer votre ruine, & que l'homme auquel ils ſont dévoués, eſt à mes yeux le plus méchant de tous les hommes, je vous conjure, Monſieur, de fuir le plus promptement qu'il vous ſera poſſible, d'emmener avec vous vos enfans, & ſi vous êtes dans la néceſſité de com-battre, de ne le faire que de loin.

Je me nommerois, Monſieur, ſi appartenant à la ſociété dans laquelle on s'occupe de votre perte, je pouvois le faire ſans danger. Tout ce que je dois vous dire, c'eſt que j'ai frémi en voyant à la tête de vos ennemis un homme auſſi profondément dépravé que le Sr. Daudet, & qui, comme vous ſavez, n'a plus de riſque à courir, ni pour ſa fortune, ni pour ſa réputation. Je vou-drois bien qu'il me fût poſſible de vous apprendre qui je ſuis, pour donner à la confidence que je vous fais, toute l'importance qu'elle mérite ; mais je vous le répete, Monſieur, en me nommant, je puis me perdre, & je ne ſaurois vous ſauver.

━━━━━━━━━━━━━━━━━━━━━━━━━━━━

LETTRE de M. Kornman à M. Amelot.

10 janvier 1781.

MONSEIGNEUR,

JE me ſuis préſenté pluſieurs fois à votre hôtel, tant à Paris qu'à Verſailles, pour avoir l'honneur de m'entretenir avec vous des nouvelles circonſtances dans leſquelles je me trouve.

J'ai appris avec une ſurpriſe bien douloureuſe, que ma femme qui avoit été tranſportée par ordre du Roi, & de mon conſentement, dans une maiſon de fûreté ; par un autre ordre du Roi, fans que j'en aie été prévenu, a été remife entre les mains d'un chirurgien que je ne connois pas. Il faut, Monfeigneur, qu'on vous en ait impofé d'une maniere bien audacieufe, pour que vous ayez pu vous déterminer à dépouiller un citoyen, que les plus faintes loix protégent avec éclat, des droits que lui donnent la nature & la fociété.

Car enfin, Monfeigneur, ma femme n'eft point une propriété publique, dont un étranger puiffe difpofer à fon gré, elle n'appartient qu'à fa famille & à moi, & ce n'eft ni fa famille, ni moi, qui avons demandé que le premier ordre, qu'il avoit plu à la juftice du Roi de nous accorder, fût révoqué.

Cet ordre n'avoit pour but que de fouftraire ma femme égarée à la féduction d'un homme bien connu par la dépravation de fes mœurs, & la noirceur de fes intrigues ; & le nouvel ordre qui vient d'être expédié, rejette précifément cette femme dans les bras de l'homme qui l'a perdue.

Je fuis inftruit qu'il exifte entr'elle & lui, une correfpondance de tous les jours ; il y a plus, je fais qu'il la voit auffi fouvent qu'il le juge à propos, qu'il eft plus que jamais l'arbitre de fes démarches, & que cette route du crime dans laquelle je m'étois efforcé de l'empêcher de marcher, fe r'ouvre fous fes pas avec une facilité qui m'épouvante.

Monfeigneur, dans un pays où il n'y auroit plus de mœurs, plus d'inftitutions pour régir les hommes, il refteroit encore les loix de la nature, & on trouveroit toujours extraordinaire, qu'un pere de famille pût être regardé comme un être affez méprifable, pour qu'on lui enlevât fans égard la mere de fes enfans.

D'après ces confidérations, Monfeigneur, j'ofe vous prier de vous rappeller les motifs qui ont determiné le gouvernement à s'affurer de la perfonne de mon époufe, & comme ces motifs fubfiftent toujours, que M. le comte de Maurepas & vous-même en avez reconnu, il y a peu de tems, toute l'importance, j'ai recours de nouveau à l'autorité bienfaifante de Votre Grandeur, & je la fupplie de faire en forte que la communication qui exifte entre le féducteur que je lui ai dénoncé, & la victime que ce féducteur fe propofe d'immoler à fon ambition, demeure dorénavant interrompue.

Vous le favez, Monfeigneur, je n'ai jamais eu recours auprès de vous à d'autres moyens qu'à ceux que me fourniffoit ma pofition. J'ai laiffé à mon infâme adverfaire fes protecteurs & toutes les reffources qu'il pouvoit mettre en œuvre pour me faire échouer dans mes démarches.

Il eſt des vérités éternelles qu'il eſt abſurde de démontrer & que perſonne n'a beſoin de défendre ; ces vérités avec leſquelles on gouverne les hommes, & ſans leſquelles il n'exiſte plus de morale & de légiſlation ſur la terre, je ſavois que je les trouverois dans votre cœur, & c'eſt parce que j'en étois perſuadé, qu'il m'a paru au-deſſous de votre caractere & du miniſtere de juſtice que vous exercez, d'employer auprès de vous, comme cela m'eût été facile, des voix étrangeres pour vous les faire entendre.

Or, Monſeigneur, quelle eſt maintenant ma poſition ? Je ſuis pere, je ſuis époux ; en ces deux qualités, je ſuis outragé. Un homme qui ne reſpecte plus rien, parce qu'il ne peut échapper à ſa deſtinée que par un crime, me menace de ce qu'il appelle ſa vengeance, & ſous mes yeux, il oſe tracer avec tranquillité la route qu'il convient à ma femme de tenir pour arriver à une liberté funeſte.

Vous connoiſſez le Sr. Daudet, Monſeigneur, vous ſavez combien, lorſqu'il eſt retardé dans ſes projets, il peut créer de reſſources pour les faire réuſſir, combien dès-lors il importe de mettre un frein à la fatale activité de ſon imagination, vous ſavez tout ce qu'il peut tenter ſi on ne le prive d'une maniere décidée, des moyens qui lui reſtent pour conſommer le crime qu'il a commencé.

Je ne connois pas l'étendue de ces moyens, mais comme je ſuis convaincu qu'il n'auroit ni tant de patience, ni tant d'audace, s'il n'avoit auprès de mon épouſe un accès facile, j'inſiſte pour que cet accès lui ſoit abſolument interdit.

Si ma femme n'exiſtoit pas ſous la main tutélaire du gouvernement, j'aurois le droit de défendre au Sr. Daudet l'entrée de ma maiſon ; maintenant qu'elle obéit à une autorité plus impoſante, mais non pas plus ſacrée que la mienne, je conſerve le même droit. Daignez donc, Monſeigneur, avoir égard à ma priere, & tandis que par des motifs d'intérêt que je développerai quand le tems en ſera venu, on s'efforce de précipiter mon épouſe vers l'écueil que je veux lui faire éviter ; faites en ſorte que dans ſon égarement, je puiſſe lui tendre une main ſecourable, & que les précautions que j'ai priſes pour la dépoſer avec ſa réputation toute entiere, dans le ſein de la famille reſpectable à laquelle elle appartient, ne demeurent pas abſolument inutiles.

Liſez, Monſeigneur, liſez ma lettre avec tout l'intérêt que ma ſituation doit vous inſpirer ; ſongez que je ſuis raſſaſié d'outrages, que je parle le langage de la plainte & de la douleur, que je couvre d'une main mes plaies, & que del'autre je repousse mes adversaires acharnés à ma perte. Jugez-moi par mes démarches comme j'ai appris par votre bienfaisance à vous juger , & daignez vous ressouvenir que l'homme qui vous sollicite aujourd'hui , ne voulut pas réclamer auprès de vous toute la justice qui lui étoit due , qu'il ne vous demanda qu'une grace , celle de le placer dans une position où il pût pardonner sans honte , & oublier sans foiblesse.

Je suis avec respect , &c.

MÉMOIRE AU ROI.

SIRE,

UN de vos fideles sujets se jette aux pieds de Votre Majesté pour lui dénoncer un crime d'une espece d'autant plus dangereuse , que s'il demeuroit impuni, la sûreté des peres & des époux , resteroit inévitablement compromise.

Le Sr. Daudet, *dit* de Joslan , connu depuis long-tems de la police, par ses entreprises hardies, & se disant ici chargé des affaires de plusieurs princes étrangers, est l'auteur du forfait dont je demande la punition à Votre Majesté. Tout ce qu'un homme de mœurs perverses, & sur lequel l'opinion publique n'a plus d'empire, peut employer de ressources pour séduire une femme imprudente, le Sr. Daudet l'a mis en œuvre auprès de mon épouse , & il est aujourd'hui prouvé de la maniere la plus évidente , que non-seulement il l'a rendue coupable d'adultere, mais qu'après s'être emparé d'une partie de ses diamans pour les déposer au Mont-de-Piété, il s'est efforcé de se la donner pour complice d'un autre crime, lequel, si je me livre aux conjectures que m'offrent toutes les circonstances de cette étrange affaire, ne pouvoit être qu'un attentat prémédité sur ma personne.

M. le comte de Maurepas, instruit de tous ces faits, a cru devoir au mois d'août de l'année derniere, faire arrêter ma femme, & la mettre d'une maniere spéciale sous la main du gouvernement. Le Sr. Daudet n'en est devenu que plus entreprenant; aidé du Sr. de Beaumarchais qui , à cette époque, a osé dire hautement dans Paris, qu'il prenoit ma femme sous sa protection, il a trouvé le moyen de pénétrer dans le lieu de sa retraite : &

de concert avec l'associé qu'il s'est donné, il l'a engagé à présenter une requête au châtelet, à l'effet d'en obtenir une séparation de corps & de biens, & même, s'il étoit possible, la dissolution de son mariage : je pouvois répondre à cette requête ; mais ma tendresse pour deux enfans auxquels je dois épargner la honte d'appartenir à une mere, publiquement déclarée coupable, m'a fait prendre un parti différent. Le corps municipal de Strasbourg, auquel j'appartiens, s'étant adressé à Votre Majesté pour en obtenir le renvoi de ma cause pardevant la chambre matrimoniale de la même ville, seul tribunal que je puisse invoquer en ma double qualité de protestant & de magistrat, j'ai crû devoir attendre la décision de Votre Majesté sur ce point, & jusques-là ne me permettre d'autres démarches que celles qui pouvoient avoir, ou ma sûreté personnelle, ou l'honneur de mon épouse pour objet.

MONSIEUR, votre auguste Frere, dont j'ai l'honneur d'être le banquier, a bien voulu dans cette circonstance me donner des marques éclatantes de sa protection & de ses bontés : mais Sire, le crime veille à côté de moi, & les dangers dont ma famille naissante est environnée, me forcent de recourir directement à la justice tutelaire de Votre Majesté. Daignez, Sire, jetter les yeux sur un pere infortuné, qui n'a d'autre reproche à se faire, que d'avoir été époux trop indulgent : voyez à côté de lui triompher l'homme méchant, auquel il doit son affreuse destinée. Sire, d'un seul mot, vous pouvez faire cesser cet effrayant scandale. Que Votre Majesté renvoye mon épouse pardevant ses juges naturels, & fasse subir au Sr. Daudet un châtiment proportionné aux délits, dont il s'est rendu coupable. Alors les mœurs domestiques seront assurées par un grand exemple. En vivant sans alarmes, & devant à Votre Majesté des jours moins malheureux, je pourrai sans inquietude m'occuper de l'éducation & du bonheur de mes enfans.

Le ministre, & sur-tout le magistrat, auquel l'administration de Paris est confiée, peuvent produire, quand il en sera tems, la preuve de tous les faits, que je me vois forcé de révéler à Votre Majesté.

Daignez, Sire, assurer l'honneur & le repos d'un citoyen, qui ne cessera de faire des vœux pour la conservation des jours précieux de Votre Majesté, & la prospérité d'un regne, dont tous les événemens n'ont été jusqu'ici pour la nation, que des époques de justice, de bienfaisance & de gloire.

EXTRAIT

EXTRAIT d'une consultation signée Reichstoller, Chauffour l'aîné , &
Dubois , avocats au conseil souverain d'Alsace , en date du 24 août
1783 , sur le vu des informations , interrogatoires & lettres relatives à
la dame Kornman & au Sr. Daudet.

ESTIMENT que paroissant justifié par pieces jointes que la dame Kornman
s'est oubliée avec le Sr. Daudet, que même elle a conçu un enfant de ses
œuvres, les lettres du Sr. Daudet venant à l'appui ; le dépôt de diamans de
ladite dame, plus de vingt-six mille liv. de dettes contractées depuis peu ,
prouvant qu'on ne peut laisser ladite dame sur le pavé de Paris, sa maîtresse
& dissipant sa fortune ; d'un côté le Sr. Kornman risque que ladite dame se
ruine ; de l'autre, il risque de lui voir des enfans, qui étant nés d'une mere ,
qui demeurant dans la même ville que son mari , viendroient réclamer un
état & le Sr. Kornman pour pere ; & qu'il s'agit, en conséquence, de remédier
à ces inconveniens.

Et pour y parvenir, ils proposent trois voies ; la premiere , de demander
& d'obtenir que ladite dame soit tenue de se retirer dans un lieu décent ou
dans une forteresse, avec une liberté honnête, vu qu'étant protestante, elle ne
peut se retirer dans un couvent.

La deuxieme, d'obtenir du gouvernement une lettre de cachet , pour la faire
retourner dans la maison d'où elle est sortie , en attendant la fin du procès.

La troisieme , & celle dont les conseils sont d'avis, vu les circonstances
qui empêchent d'employer les deux premieres , *& dont ils donnent le détail ,*
est de faire informer contre ladite dame , comme d'adultere.

Les moyens qu'ils proposent pour employer cette derniere voie , toute dé-
licate qu'elle est , consistent à dire , que cette accusation au criminel doit s'ins-
truire & se juger à Paris, lieu du délit, où demeurent les accusés, les témoins ,
les preuves ne pouvant se découvrir & se faire ailleurs.

Que l'arrêt du conseil du 11 janvier 1783, ne déroge point à ces principes (1) ; il ne parle point de criminel, mais des actions purement civiles, que
les deux conjoints auroient à intenter l'un contre l'autre.

____

(1) L'arrêt du conseil qui , sur le procès en séparation , renvoyoit à Strasbourg.

D

Que les moyens au fond font de deux efpeces, ceux déjà acquis & ceux à acquérir. Les premiers fe puifent dans les informations , interrogatoires & lettres déjà verbalifées; pieces authentiques qu'il faudroit joindre à la plainte & qui feroient pour le moins admifes comme devant fervir de Mémoires. Que ces pieces prouvent évidemment par l'aveu même de ladite dame, qu'elle s'eft oubliée avec le Sr. Daudet , & qu'elle en a conçu un enfant, qu'elle a eu un commerce de lettres fcandaleux avec lui ; elles prouvent auffi leurs menées contre le Sr. Kornman, les interrogatoires font précis , & il eft certain , que ces pieces feules doivent fuffire pour faire décreter ladite dame & le Sr. Daudet.

Quant aux moyens à acquérir, il fera néceffaire de faire faire une nouvelle information, & de faire interroger les décretés de nouveau. Dans cette nouvelle information, on fera entendre les mêmes témoins ; on y ajoutera ceux devant lefquels ladite dame doit avoir avoué le fait, & tous ceux qui peuvent avoir eu connoiffance de fa conduite ; les interrogatoires fourniront de nouvelles preuves. Le Sr. Daudet fera fans doute interrogé. Si la dame Kornman vouloit varier, on lui préfenteroit fes réponfes faites ci-devant fous la foi du ferment, & il paroît qu'il en réfultera une conviction fuffifante pour condamner ladite dame & le Sr. Daudet.

Si cette procédure doit être conduite à fa fin , & l'adultere prouvé , en ce cas, la peine ordinaire eft d'être renfermée dans un couvent pendant deux ans , & au bout de ce tems, fi le mari ne reprend pas fa femme, d'être . . . . enfermée dans le couvent pour le refte de fes jours. Au cas particulier où l'accufée feroit proteftante, on pourroit l'enfermer dans une maifon de fûreté, fous les mêmes conditions , & il n'en réfulteroit aucune tache pour les enfans.